AW

AF284474

Die großen Themen der Menschheit: Freud und Leid, Trauer, Zuversicht und Liebe, eigenwillig auf den Punkt gebracht, widersetzen sich flüchtiger Lektüre. Die Unmöglichkeit, die Texte ganz normal zu lesen, ist das auffälligste Merkmal dieser Gedichte. Sie zwingen einen zum Nach- und Weiterdenken.

Adelhard Winzer, geboren in Karlshuld, Donaumoos, lebt heute im Chiemgau. Erlernte das Bäckerhandwerk. Spielte mit sechzehn in der ersten Band. War Discjockey und als Berufsmusiker in Deutschland, Österreich und der Schweiz unterwegs. Veröffentlichte ein Kinderbuch. Arbeitete in einer Großbank. Wurde zur Lesung in den Grünen Salon der Volksbühne Berlin eingeladen. Belegte den dritten Platz beim Fränkischen Kurzgeschichtenpreis. Widmete sich, nach dem Eintritt ins Pensionsalter, endgültig dem Schreiben und Zeichnen.

ADELHARD WINZER
LEBENSLAUF
Gedichte

Bibliografische Information der Deutschen Nationalbibliothek: Die Deutsche Nationalbibliothek verzeichnet diese Publikation in der Deutschen Nationalbibliografie. Detaillierte bibliografische Daten sind im Internet über http://dnb.dnb.de abrufbar.

Herstellung und Verlag:
BoD – Books on Demand, Norderstedt
Umschlaggestaltung:
Adelhard Winzer

ISBN 9783-754315088

LEBENSLAUF

Das größte Lebenshemmnis ist das Warten, das sich ans Morgen klammert und das Heute verliert.

SENECA

Kindsein

Früher als es noch
kein Früher gab

Was

Was will ich
was soll ich
was muss ich

Aus eigener Kraft

Sei offen waghalsig
ehrlich bereue nichts

Dialog

Du sollst dazugehören
zu wem und was noch
die Freiheit wäre wichtig
wessen Freiheit meine
gut ich verzeihe dir

Wissenschaftler

Er sagte vor mehr als tausend
Jahren meinte aber auch es
könnte gestern gewesen sein

Mond und Sterne

Der Himmel ist nicht in
Bewegung nur der Mond
und die Sterne wenn du
allein bist noch mehr

Erinnerung

Frisch gepflügte
Erde auf dem Traktor
der Onkel am Lenkrad
sagte etwas das
ich nicht verstand
kläffende Hunde

Das Lächeln

Die Augen beurteilen
überhaupt nichts erst
im Nachhinein das Herz

Das Fräulein

Ihre begehrlichen
Brüste wenn sie
mit dem Fahrrad
vorausfuhr sah er
das Seidenhöschen
sie wusste noch
nichts von Treue
Ehe und Kirche

Allein

Wer ist hier allein
wenn niemand allein
ist sprich mit den
Kindern sie können
nicht schlafen

Verstand

Sie liebten sich heiß
und inniglich wie zwei
Verdurstende mit dem
Leben aber mussten sie
alleine fertigwerden

Tarantella

Früher gab es
noch Treffen die
hießen Tanzabende
oder einfach nur
Volksmusik heute
lachen die darüber
die selbst nicht
wissen warum

Englischunterricht

Wer noch nie hier
war kennt aber
die Bühne längst
zerstört der Balkon
präsentiert wieder
Shakespeare den
wir nie mochten
wohin damit

Erlöschen

Allein die Großen
glauben sie wären
wichtiger als die
Kleinen machen
kaputt was besser
ist als sie weil sie
nicht rankommen
an die Besseren
sterben sie mit ihnen

Duplikat

Er hatte einen
Hit aber später
nichts mehr
schämte sich
ließ die Bänder
verbrennen einer
hatte sie noch
hörte sie jeden
Abend wieder
und wieder

Liebe

Am Meer sah
ich die Frau
in Schwarz
tiefrote Haare
das Gesicht
sagte ja ließ
mich gewähren
die Sonne stand
hoch über uns

Rostberg

Das Lied ist
nicht von mir
auch sonst nichts
nur Wichtigtuer
Kleinkarierte
Schimpfworte
Rost keine Frage
alle wissen es der
komplexbeladene
Anführer vernichtet
die Umgebung

Bleib

Du brauchst
nicht lange um
es zu verstehen
geh einfach
vorbei an mir

Allein

Wohin
wenn
du nicht
weiter
weißt
zu dir

Das Konzert

Er schlug nur einen
Akkord auf seiner
Gitarre und jeder
wusste Bescheid

Der Philosophenweg

Ich gehe allein auf dem
Philosophenweg den
ich nach meinem Freund
benannt habe der mir einst
geholfen hat sonst nichts

Künstlich

Wenn sie bayrisch
redet weiß er es geht
um die Familie oder
ihre Kinder wenn
sie hochdeutsch
spricht versteht er
sie nicht mehr

Subventionen

Woher der Wind
weht wussten die
Bauern früher auch
besser als es noch
kein Internet gab

Traum

Ich kaufe nichts
mehr lasse es
schicken im Traum
weil alles nur noch
im Traum stattfindet
auch das was sonst
nicht geschieht

Schön

Die Welt verändert
sich und dich hast
du es noch nicht
bemerkt in deinem
Schneckenhaus
gibt's nichts Neues

Lesen

Ich lese dich
du aber nicht
weil nichts
ist wie du

Heimelig

Freundchen
pass auf dass
dir nichts
geschieht
es sieht alles
so heimelig
aus täusche
dich nicht

Wenn

Wenn du keinen
Zylinder trägst
gehörst du nicht
dazu glaub nicht
alles schau dass
du weiterkommst
oder glaubst du
anderen mehr
als dir selbst

Armreich

Der Morgen ist
noch nicht der
Abend auch
wenn sich das
der Rollstuhlfahrer
wünscht geschieht
es nicht erst recht
nicht dem alten
armen Millionär

Verführung

Woher du kommst
interessiert mich
nicht deine roten
Haare dein Mund
die Augen was
wollen wir noch
reden wenn wir
dasselbe denken

Menschentiere

Im Tierpark
tun die Leute
so als hätten
sie noch nie
Tiere gesehen
auch wenn es
keine Tiere
mehr sind

Preise

Wenn einer etwas
macht was noch
kein anderer
gemacht hat
kriegt er einen
Preis dafür nur
wer die anderen
sind fragt er nicht
auch nicht die anderen

Nochmal

Alles ist
Nichts und
Nichts ist
Alles dann
fang noch
einmal von
vorne an

Liebe

Obwohl das
Universum
alles lösen
wird heißt
es so und
nicht anders
wenn wir
uns lieben

Zigeuner

Zigeuner
fragen auch
nicht woher
du kommst
weil es sie
nicht mehr
gibt dazu
ihre Musik

Meine Liebe

Hier bin ich dort
du und daneben
deine Arbeit große
Geschäfte damit
will ich nichts
zu tun haben

Jesus

In der Schule
gab es eine Tafel
der Lehrer schrieb
nicht viel darauf
mit Kreide wischte
sich die Finger
ab fragte seinen
Lieblingsschüler
wann kam jetzt
Jesus auf die Welt

Scheidung

Gesetze die
keiner versteht
heutzutage
schaut sich
die Frau im
Fernsehen
an dabei ging
es früher bei
ihr nur um
Scheidung
die niemand
verstand

Das Wort

Wann hast du
Zeit für mich
ich würde mir
jede Zeit nehmen
für dich und uns
beide sag mir das
erlösende Wort

Flucht

Du musst laufen schnell
schneller noch schneller
dass du wegkommst aus
dieser mörderischen Welt

Süß

Sie war das
allersüßeste
Mädchen für mich
nicht für andere
die sie wollten
nicht süß nur
scharf das ist
nichts Neues
sagten sie

Liebesqual

Zigaretten Wein
Whisky schlaflose
Nächte nichts half
ihm der zu werden der
er einmal gewesen war

Glaube

Es gibt nicht nur
dich auf der Welt
sagte sie aber ich
glaube ich liebe
dich trotzdem
würde dir das
gefallen

Die Liebe

Die Liebe gilt
nichts mehr
wo nur noch
gemordet wird
auch wenn sie
nicht tot ist

Hass

Die Kinder aus dem
Nachbarhaus wissen
alles vom Leben rufen
aber noch Mama und
Papa die Nachbarn
lassen das über sich
ergehen als wären
sie schuld daran

Gott

Warum nur die
andern warum
nicht ich warum
die dort nicht die
daneben wer hat
recht wer ist der
bessere Mensch
sag es mir doch

Die Tür

Die Tür
wäre offen
für dich aber
ich habe dich
nicht gerufen
von allein
kommst du
ja nicht

Die Frage

Wann bringen wir
uns um bevor es die
andern tun für uns
ich hab alles gesehen
was ich sehen wollte
von der Welt und
das andere auch

Wohin

Wohin und wohin nicht
der Weitgereiste weiß
es nenn ihm den Ort

Auftritt

Er steht da
auf der Bühne
stimmt seine
Geige allein
das Mikrofon
hört ihm zu

Abweisung

Reichtum und Freiheit
Freundschaft und Liebe
Gedankenspiele und
nichts passt zusammen
wer weiß das nicht sagte
sie und er ging von ihr weg

Liebesgeschichte

Er schreibt ihr Briefe
die er wieder zerreißt
aber es ist alles anders
er denkt schon an sie ohne
Sehnsucht und Schmerz

Autos

Theorien gibt es viele
dafür keine Dörfer mehr
den Kramerladen
kannst du vergessen
der Automobilminister
sorgt schon dafür dass
dir das Lachen vergeht

Bedingungslos

Er wollte sie aber
sie wusste etwas
über ihn was verboten
war trotzdem wollte
sie ihn auch

Der Dieb

Der Apfeldieb
war kein Dieb
nur angestellt damit
alle sehen konnten
wie schön hier
die Äpfel sind

Werbung

Geld gab es nicht
Geld wurde nie
erwähnt Geld
gab es mehr als
schöne Gesichter

Der beste Freund

Sein bester Freund
ließ ihn im Stich
nur was er im Stich
ließ wusste er nicht
auch nicht sein
bester Freund

Sehnsucht

Sie wartete vergeblich
wartet aber noch heute
auf ihn wenn sie an ihre
große Enttäuschung denkt

Das Foto

Er hat ihr Foto im Netz
gesehen verruchte
Gesichtszüge E-Mails
hin und her Treffen
vereinbart felsenfest
geglaubt daran

Rita Schamlos

Rita Schamlos
kniet in der Kirche
Rita Schamlos
steht an der Bar
Rita Schamlos
heißt anders
Rita Schamlos ist
nicht mehr jung
Rita Schamlos
lebt allein

Künstlerin

Sie begehrte ihn als
Mann nicht als Künstler
obwohl sie zwei Sätze
schön fand von ihm
entfernte sie sich
wieder ohne bei ihm
gewesen zu sein

Die Verliebten

Sie war im Osten
eine bildhübsche
Näherin nannte sich
nach der Wende
Modedesignerin
er war Aushilfskraft
in einer Autofabrik
gab sich danach als
Webdesigner aus

Der Traum

Ich überquerte die Straße
ein Kind kam auf mich
zu winkte schon von weitem
als es dann vor mir stand
war es mein Vater

Er ging

Er blieb stehen
drehte sich um
hob seinen Kopf
schloss die Augen
machte sie auf
und war wieder
verschwunden

Der Vergleich

Ich habe mich nie mit anderen
verglichen andere aber mit
mir sie machten es immer so
dass ich mich schämte dafür

Börsenkurse

Sie liebte seine Stimme
rief ihn im Callcenter
an es ging um Gewinner
und Verlierer er erklärte
ihr den Wahnsinn der
dahintersteckte sie wusste
nichts vom Druck den er
zu spüren bekam täglich
von der Geschäftsleitung
weil er im Verkaufsrang
ganz weit unten stand
sie liebte seine Stimme
sagte es ihm aber nicht

Der Poet

Er erklärte ich schreibe
wovor ich Angst habe
ich schreibe was ich
ablehne und liebe
ich schreibe Gespräche
auf die ich führte mit
Leuten oder auch nicht
ich schreibe allein über
das was mich bewegt

Chiemgau
Frühjahr 2021

ADELHARD WINZER
33 COMPUTER-ZEICHNUNGEN
2019. 88 SEITEN
BOD – BOOKS ON DEMAND, NORDERSTEDT
ISBN 9783748108559

ADELHARD WINZER
HUNDERT ZEICHNUNGEN
2018. 116 SEITEN
BOD – BOOKS ON DEMAND, NORDERSTEDT
ISBN 9783744885737

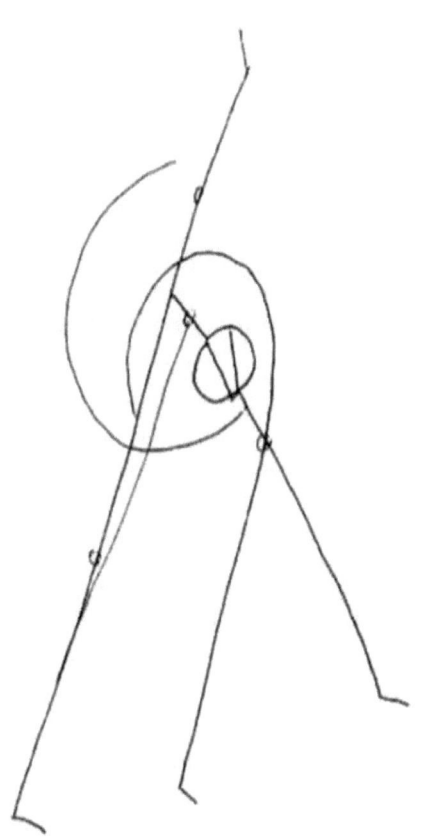

ADELHARD
WINZER
DIE SPRACHGRENZE
GESCHICHTEN
2018. 184 SEITEN
BOD – BOOKS ON DEMAND,
NORDERSTEDT
ISBN 9783746087429

In mehr als hundert ineinandergreifenden
Geschichten (die längste hat elf Seiten, die
kürzeste vier Zeilen) wird anhand der Parabel,
der Groteske, der Fabel und der Übertreibung
von Personen und Ereignissen berichtet,
denen allen gemeinsam die Thematik „In der
Fremde" zugrunde liegt. Skizzenhaft,
lakonisch, phantastisch überhöht,
bis an die Grenzen der Erzählbarkeit.

„Ihre Texte haben lange auf meinem Schreib-
tisch gelegen und ich habe immer mal wieder
hineingeschaut. Der Titel ‚Sprachgrenze' ist
total richtig gewählt. Alle Texte machen vor
etwas Halt – eine Wand? Ein Absturz? Ein
Paradies? Das wirkliche Leben? (was immer
das ist). Man wartet auf einen Durchbruch,
aber er kommt nicht. Sehnsuchtstexte! Sehn-
sucht sehnt sich nach Erlösung. Aber was
könnte das sein? Gott? Die Liebe? Die Tat?"
*Ruth Rehmann in einem Brief
an Adelhard Winzer*

„Deine Geschichten sind klasse, sie ziehen den
Leser in den Bann, sind erschreckend ehrlich
und hart, sprachlich fein gesponnen."
*Thomas Felber, Buchhandlung
Lentner, München*

ADELHARD WINZER
ANDREAS. REPRINT. 2019. 80 SEITEN
BOD – BOOKS ON DEMAND, NORDERSTEDT
ISBN 9783749436804

„Dieses Buch wendet sich Problemen zu, wie
Jugendliche sie in unserer Gegenwart haben
können: der Zweifel am sogenannten Fort-
schritt, mangelnde Verbundenheit mit der
Natur, Missverstehen der Erwachsenen im
Hinblick auf jugendliches Verhalten. Das Buch
wird gewiß einen Teil von älteren Kindern und
Jugendlichen in weiterführenden Schulen gut
ansprechen." *Prof. Doktor Anton Reinartz,
VJA Nordrheinwestfalen*

„Ein wichtiges Buch, insbesondere für Erwach-
sene, denn hier können sie etwas erfahren über
die Kluft, die sie zwischen sich und den Kin-
dern aufgebaut haben und die Unkindlichkeit
unserer Welt." *Klaus Friedrich, München*

„In dem schmalen Büchlein steht
Bedeutsames." *Reichenhaller Tagblatt*

„Begegnung mit einem außergewöhnlichen
Jungen." *Stuttgarter Nachrichten*

„In einem langen Brief schreibt sich Andreas
all das vom Herzen, was ihn freut, aber auch
was ihn bedrückt, was ihm an den Erwachse-
nen nicht gefällt, die schuld daran sind, dass
Landschaften zu Betonwüsten werden, die sich
immer streiten müssen, die Kriege führen ..."
Katholischer Kirchenanzeiger

„Das Buch habe ich bekommen und gelesen.
Es gefiel mir. Talentierter Mann!"
Stephan Sulke

ADELHARD WINZER
KRETHI UND PLETHI / DAS KORKENSPIEL
ZWEI STÜCKE. 2019. 124 SEITEN
BOD – BOOKS ON DEMAND, NORDERSTEDT
ISBN 9783750414716. AUFFÜHRUNGSRECHTE:
CANTUS THEATERVERLAG, ESCHACH

KRETHI UND PLETHI. DRAMOLETT
Ein Stück, das die Sprache zum Mittelpunkt
hat. Befangenheit und Vorurteile der
Menschen. Keine zwingende Handlung.
LAYLA (schwarzhaarig) und SABRINA (blond),
einheitlich gekleidet, sitzen Rücken an Rücken
auf einer Bank, reden über eine fremde Person,
stehen auf, gehen im Kreis, deuten mit den
Händen, vermeiden es, sich dabei
anzuschauen. Ort des Geschehens: Ein
Kirchenplatz. Bühnenlicht, das, während
sie sprechen, allmählich schwächer wird und
den Schatten des Kirchturms näher bringt.

DAS KORKENSPIEL. DRAMA
Alf und Bianca haben ihre Stadtwohnung auf-
gegeben und versuchen in einem abgelegenen
Bauernhof auf dem Land sesshaft zu werden.
Eines Tages bekommen sie Besuch von Gitte
und Ernst, einem befreundeten Paar aus der
Stadt. Sie machen es sich bei Kaffee, Kuchen
und Wein im Garten bequem, erzählen von
ihren Reisen nach Asien, Österreich, Italien,
Mexiko und New York. Während Alf und
Bianca sich gegenseitig die Beweggründe ihres
Neuanfangs zu erklären versuchen, schwärmen
Ernst und Gitte von der ländlichen Umgebung.
Ein harmlos erscheinender Nachmittag auf
dem Bauernhof, bei dem es am Abend
zur Katastrophe kommt.

ADELHARD
WINZER
DER PENSIONIST
GESCHICHTEN
2019. 156 SEITEN
BOD – BOOKS ON DEMAND,
NORDERSTEDT
ISBN 9783749455041

*Lieber Gott, ich fühle mich heute so einsam.
Ich will mit Dir sprechen. Wo bist Du? Gehörst
Du der Kirche, wie alle behaupten? Nein, von
Gut und Böse wird da geredet, nicht von Gott.
Als Kind haben mich alle erschreckt mit ihrer
Hölle. Immerzu muss man dort bleiben, haben
sie gesagt, wenn man die Gebote nicht einhält
– bis in alle Ewigkeit! Der Gedanke hat mich
beinahe verrückt gemacht als Kind, weil ich es
verstehen wollte und doch nicht verstand.
O Gott, ich fühle mich heute so einsam. Ich
weiß nicht wohin. Die andern tragen Dich vor
sich her wie einen Schild, schmücken ihre
Bücher mit Bibelzitaten, weil sie selber nichts
sind. Mich beschuldigen sie, weil ich nicht in
die Kirche gehe. Nein, sie beten die Hostie an,
den Altar, das Kruzifix, nicht Dich. Hast Du
nicht zu mir gesagt, schau hin, wo andere
wegschauen? Sei genau, sieh, was richtig ist
und was nicht! O Gott, wo bist Du, ich will
mit Dir reden. Hörst Du mich nicht?*

„Das Surreale und manchmal das
Widersprüchliche ist in den Texten von
Adelhard Winzer zu finden. Immer wieder
fordert er mich heraus über die Inhalte
seiner Geschichten nachzudenken."
Heinz Steinbacher

ADELHARD WINZER
ITALIENISCHE SKIZZEN
PROSA. 2020. 136 SEITEN
BOD – BOOKS ON DEMAND,
NORDERSTEDT
ISBN 9783750403208

*Der Strand war menschenleer,
der Mond spiegelte sich im Meer.
Ich war hellwach, fing zu schreiben
an. Es war eine Nacht voller
Einfälle, Gedankensprünge.
Ich wurde nicht müde. Der Tag
hatte noch nicht begonnen.*

„Adelhard Winzers Skizzen benötigen
nur wenige Sätze und Zeilen, um eine
besondere Atmosphäre einzufangen,
über ein Empfinden Auskunft zu geben,
ein Erlebnis zu schildern oder einer
früheren Kränkung nachzuspüren.
Die Reflexionen aus einem an Erfahrungen
überreichen Leben schwingen zwischen den
Themen Sprachlosigkeit und Geschwätzigkeit,
Einsamkeit und Geselligkeit, Zweifel und
Gewissheit. Zudem erweist sich Winzer
als genauer Beobachter menschlicher
Schwächen, der eigenen genauso wie
denen der anderen. Über allem weht ein
Hauch von Melancholie, vermischt
mit italienischer Leichtigkeit.“
Isa Schikorsky

ADELHARD
WINZER
STOCKHOLM BLUES
KURZPROSA
2018. 92 SEITEN
BOD – BOOKS ON DEMAND,
NORDERSTEDT
ISBN 9783752839814

Seit ich denken kann, will ich nach Stockholm.
Kennen Sie Stockholm? Ich war noch nie dort.
Es ist schön, wo ich wohne, ich vermiss nichts.
Also, sagen meine Freunde, was willst du in
Stockholm? Ich weiß nicht. Nachts erwache
ich aus meinem Traum, drehe mich auf
die andere Seite und denke, morgen gehe
ich nach Stockholm. Stets kommt etwas
dazwischen. Ich gehe zur Arbeit, ärgere mich,
gehe wieder nach Hause – schon ist der Tag
vorbei. Wie schön wäre es jetzt in Stockholm,
denke ich, warum bist du nicht nach Stockholm
gegangen! Ich war in Trinidad, ich war in
New York, aber was ist das im Vergleich
zu meinem Traum. Meine Freunde sagen,
geh in dich, vergiss dieses Stockholm,
es bringt dich noch um! Aber in Gedanken
bin ich in Stockholm. Ich weiß nicht warum.
Um was Neues beginnen zu können,
muss ich nach Stockholm. Kennen Sie
Stockholm? Waren Sie schon dort?
Heute wäre ein guter Tag,
um nach Stockholm zu gehen!

ADELHARD
WINZER
VENEDIG, VON HIER AUS
AUFZEICHNUNGEN
2019. 212 SEITEN
BOD – BOOKS ON DEMAND,
NORDERSTEDT
ISBN 9783749437481

Diese Arbeiten
folgen keinem
künstlerischen Konzept,
keiner Gesetzmäßigkeit, keiner
Logik im herkömmlichen Sinn.
Niedergeschrieben in einem Zug,
frei von ablenkenden Gedanken
oder Zugeständnissen an
eine literarische Form
enthält der Band
zweihundert Aufzeichnungen
aus dem Unterbewusstsein.
Allein das Aufhören
am Ende der jeweiligen
Notizbuchseite,
um erneut beginnen
zu können, galt als
Einschränkung beim
Schreiben dieser Texte.

ADELHARD WINZER
DIE KÜRZESTE
LIEBESGESCHICHTE DER WELT
GEDICHTE. 2020. 124 SEITEN
BOD – BOOKS ON DEMAND,
NORDERSTEDT
ISBN 9783750437289

Zuerst wollte nur er
aber sie nicht dann
wollte sie aber er nicht
worauf auch sie
nicht mehr wollte

„Die kürzeste
Liebesgeschichte
der Welt" erzählt von
knappen Augenblicken
des Liebesglücks, vor
allem aber von verpassten
Gelegenheiten, Missver-
ständnissen, Kränkungen
und Vorurteilen, die das
scheue Gefühl schnell wieder
vertreiben. Die Liebe – ersehnt,
erträumt, erhofft – und doch
zu flüchtig, um sie für
immer festzuhalten.

ADELHARD
WINZER
LÜGENGESCHICHTEN
2018. 132 SEITEN
BOD – BOOKS ON DEMAND,
NORDERSTEDT
ISBN 9783752862102

Der Mond hat sieben Türen, sprach das Kind.
Ich lebe nicht hinter dem Mond, erwiderte
der Mann. Du hast keine Ahnung, meinte
das Kind, wenn der erst mal seine Hintertür
aufmacht, beginnen die Menschen zu wackeln.
Von wegen wackeln, sagte der Mann. Ja,
wenn der Mond wirklich wollte, könnte
er die ganze Welt überschwemmen,
aber er hat Mitleid mit uns, vor allem
mit den alten Leuten. Ich bin nicht alt,
entgegnete der Mann. Für ganz Alte, sagte
das Kind, macht er die Vordertür auf,
dort können sie hineingehen! Und das
Kind verschwand wie es gekommen war.
Blödsinn, dachte der alte Mann, drehte sich
auf die andere Seite, und konnte doch nicht
einschlafen. Seine Gedanken begannen
um den Mond zu kreisen, um die Erde,
um alte Leute. Schließlich träumte er,
durch eine große weite Tür zu gehen.
Alle Menschen machten ihm Platz,
verbeugten sich und riefen:
Wo warst du denn die ganze Zeit!

ADELHARD
WINZER
GRUNDSÄTZE
ÜBER DIE KUNST
2018. 72 SEITEN
BOD – BOOKS ON DEMAND,
NORDERSTEDT
ISBN 9783748102038

*Schon als Kind versuchen sie
dich wegzubringen von dir selbst:
Die Wissenschaft, die Mode,
das Fernsehen, Religionen,
Parteien und Politiker. Alle sagen
sie: Glaub an mich! Glaub an mich!
Wer hat dir jemals gesagt:
Glaub an dich selbst!?*

*Der Sommer, das Fahrrad, Blätter im Sand,
der Wald und die Nacht und die Stimmen,
das Lachen, der Himmel, die Kräuter
und Beeren, Geschmack von Rauch
in der Luft, Pfennigstücke neben den
Eisenbahnschienen, die Wiesen, die
Äcker, die Farben, die Birken,
Getreidefelder im Wind, der
Hügel, der See, Nebel und Bläue,
Vater, Mutter, Winter im Land,
der Schal und der Schlitten,
Bruder, Schwester – gesehen
aus einem engen Raum.*

ADELHARD WINZER
LIEBLOSE ZEITEN
GEDICHTE. 2020
116 SEITEN. PAPERBACK
BOD – BOOKS ON DEMAND,
NORDERSTEDT
ISBN 9783750452015

*Nicht durch getreues Nachahmen
oder Beschönigen der Realität allein
durch Aufdecken und Hinterfragen
von Ungereimtheiten und Lügen
bekäme das Schreiben einen Sinn*

*Dein Wesen ist wie der Schatten
nein das stimmt nicht dein
Wesen ist nicht vollkommen
nur dein Schatten also
halte dich an den Schatten*

Wie lebt und liebt man in unseren
unsicheren Zeiten, in denen nichts
mehr gewiss ist? Wie wird man
gelassen und weise? Wie geht man
mit Ängsten und Sehnsüchten
um? Adelhard Winzer misstraut
einfachen Antworten. Seine
eigensinnigen Gedichte fordern
zum achtsamen Lesen, zum Mit-
und Nachdenken auf und lassen
dabei eine völlig neue Sichtweise
auf allzu Gewohntes und
Vertrautes entstehen.

ADELHARD WINZER
LIEBES, BÖSES KIND
DRAMA. 2020
88 SEITEN. PAPERBACK
BOD – BOOKS ON DEMAND,
NORDERSTEDT
ISBN 9783751976794

*Als Kind hatte ich so viel Liebe
in mir, mich gefreut über das
Schöne im Leben. Aber meine
Liebe wollten die Leute nicht.
Man muss seine ganze Liebe
geben, haben sie gesagt.
Aber das stimmt nicht, man
muss alles verheimlichen,
verstecken, wie im Krieg.
Wenn du zu viel Liebe gibst,
nehmen dich die Leute
nicht ernst. Liebe ist
ein Fremdwort. Liebe
schreibt man ganz anders!*

Ein Soldat kommt von einem
Einsatz zurück, der ihn die beste
Zeit des Lebens gekostet hat. Er
besucht das Oktoberfest. Trifft sein
zweites Ich. Begegnet unerwartet
einem Freund, der ihm ein Geschäft
vorschlägt. Findet sich in einem
Separee wieder. Besucht seine
Schwester. Kehrt endgültig
nach Hause zurück.

ADELHARD WINZER
DIE KUNST DES DRACHENTÖTENS
CAPRICCIOS. 2020. 148 SEITEN
BOD – BOOKS ON DEMAND,
NORDERSTEDT
ISBN 9783751937122

*Der große Moment, wenn
jemand zu lachen anfängt, einen
Schritt auf dich zugeht, ohne finstere
Absicht. Was für ein Augenblick!
Die Gedanken, die hin und
her gehen. Zuversicht oder
Aufrichtigkeit? Vertrauen
oder Misstrauen? Was hat das
eine mit dem anderen zu tun,
der endlose Monolog?*

„Die Kunst des Drachentötens"
handelt von Stimmen in der Nacht,
von Phantasien und Traumsequenzen,
teilweise surreal anmutend, mystisch,
absurd. Assoziative, vielsinnige
Gedankenketten, die in eigenwilligem
Rhythmus auf hintergründige, kaum
greifbare Weise die Ungewissheiten,
Unwägbarkeiten und Fragen
umkreisen, vor die das Leben
uns täglich stellt.

ADELHARD
WINZER
MARATONGA
EIN TRAUMSPIEL
2020. 104 SEITEN
BoD – BOOKS ON DEMAND,
NORDERSTEDT
ISBN 9783751993920

Denn nichts ist für die Ewigkeit
Alles andere nur Träumerei

Ein Mann und eine Frau treffen
sich nach jahrzehntelanger
Trennung wieder, sie erzählen
davon, wie und wo sie
ihre Zeit ohneeinander verbracht
haben, was sie gesehen, erlebt
und empfunden haben dabei. Sie
vertrauen sich Geheimnisse an,
gehen gemeinsam zum Essen,
betrachten alte Fotoalben, erzählen
von den unwiederbringlichen
Zeiten, aber auch vom Heute,
das ihnen leer und zukunftslos
erscheint. Ein Traumspiel
von Liebe, Freundschaft,
Sehnsucht und Tod.

ADELHARD WINZER
STRANDGUT. MINIATUREN
2021. 216 SEITEN
BOD – BOOKS ON DEMAND,
NORDERSTEDT
ISBN 9783750442276

Der Wind trägt dich hinaus
aufs Meer. Möwen erzählen
dir was von gestern. Die Sonne
nur noch ein Funke. Auch deine
Bewegungen werden langsamer.
Ein Segelflieger landet auf dem
Wasser. Ein Tag im August, der nie
wieder kommt. Die Häuser weit weg.
Du schwimmst um dein Leben.
Am Strand winken dir Leute
zu. Du weißt nicht warum.
Kein rettender Gedanke.

Im Sommer 2010 begann ich in
Italien Aufzeichnungen zu machen,
schnell und ohne das Geschriebene
noch einmal zu lesen. Sechs Jahre
später habe ich auf die gleiche Weise
ein Notizbuch geführt, beide Fassungen
überarbeitet, neu zusammengestellt und
zur Veröffentlichung freigegeben. Spontane
Prosastücke, Miniaturen, unvollendete
Geschichten über Freundschaft und Liebe,
und die Vergänglichkeit des Lebens.

ADELHARD
WINZER
HEIMKEHR
ERZÄHLUNG
2021. 88 SEITEN
BOD – BOOKS ON DEMAND,
NORDERSTEDT
ISBN 9783753408361

Die Tochter besucht ihren Vater,
den sie seit ihrer Kindheit nicht mehr
gesehen hat. Sie redet mit ihm, als wäre
er nur ein Bekannter, bestenfalls ein Freund,
nicht ihr leiblicher Vater, der sie und ihre
Mutter von heute auf morgen verlassen
hat. Der Vater, ein mehr oder weniger
erfolgreicher Künstler, gibt seine
Beweggründe nicht preis, spricht nicht
darüber, auch nicht mit der Tochter.
Keine gegenseitigen Vorwürfe, kein
Streit, kein offener Schlagabtausch.
Über alles Mögliche wird gesprochen,
bloß nicht über die Trennung. Dennoch
spiegeln sich in ihrer Mimik und Gestik
Unsicherheit und Bedrängnis wider. Im
Laufe des Nachmittags, den sie im Büro des
Vaters, am Chiemsee und auf der Terrasse
eines Restaurants verbringen, entwickeln sie
nach und nach freundschaftliche Gefühle
füreinander, sodass sich die Spannungen
am Ende ins Positive wenden.

ADELHARD WINZER
ÜBER DIE SPRACHE HINAUS
BIOGRAPHISCHES
2021. 84 SEITEN
BOD – BOOKS ON DEMAND,
NORDERSTEDT
ISBN 9783753460789

LA PALOMA. Kindheit. Schlager. Kunst
Empfindung. SCHWEIZ. Literatur. Schreiben
DONAUMOOS. Planung. Lehrbücher. SOB
Bühne. ANDREAS. In der Schwebe. MUNDART
Verständigung. GRAN CANARIA. Spätentwickler
DJ. Zufriedenheit. Radio. BANKKAUFMANN
AKKORDEON. Gitarre. Berufsmusiker. Probleme
JACK KEROUAC. Selbstfindung. Gegenwart
Optimist. Zeichnen. GITARRE! Geschichten
MAX FRISCH. Groß und Klein. Geburtsort
Was ist wichtig? Liebe. VETTER SEPP
Schwächen. Großeltern. Schneckmo
Schule. PAUL KLEE. Vater. ALLEIN
Mutter. Anneliese. Bauernhof
Interessen. Häxelmaschine. Unfall
Lesen. MÜNCHEN. Knecht. Trauer
Reue. Familie. Passion. Zuhause

„Adelhard Winzer hat viele Rollen
eingenommen in seinem Leben, viele
Entscheidungen getroffen, aber auch
einiges bereut. In diesen Lebensnotizen
beschreibt er, wie Heimat duftet,
wie sich Angst und Zerrissenheit
anfühlen, wie der Ruhm schmeckt –
und wie er zum Schreiben kam.
Eine lesenswerte Lebensreise.“
Dr. Maria Karafiat

ADELHARD
WINZER
ICH BIN OFFEN
FÜR ALLES
GESCHICHTEN
2021. 160 SEITEN
BOD – BOOKS ON DEMAND,
NORDERSTEDT
ISBN 9783754311431

*In dieser Welt, in der es bald mehr
Autos geben wird als Kinder, möchte ich
kein Kind mehr sein. Das ist es ja,
was sie dir austreiben wollen:
die Unbekümmertheit, damit sie
nicht ausufert, keinen eigenen
Klang bekommt.*

„Ist unsere Welt vielleicht doch nicht
die beste, sondern die schlechteste
von allen? Widersprüchlich, ungerecht,
voll Lüge und Heuchelei, bewohnt
von Ehrgeizlingen, Wichtigtuern
und Besserwissern? So zumindest
empfinden es der manchmal
kindliche und manchmal erwachsene
Erzähler dieser knappen Geschichten,
Beobachtungen und Reflexionen.
Auch die Liebe hat es schwer in
dieser gnadenlosen Gesellschaft
der Gegenwart. Adelhard Winzers
Miniaturen sind so klar und
deutlich formuliert, dass einem
beim Lesen das Lachen im
Hals stecken bleibt."
Isa Schikorsky

ADELHARD WINZER
BABYLON! / CALLAS
ZWEI STÜCKE
2021. 156 SEITEN
BOD – BOOKS ON DEMAND,
NORDERSTEDT
ISBN 9783754312605

BABYLON. KOMÖDIE
Absalon und Bischof erzählen sich in
einer geschlossenen Anstalt Geschichten
über den Krieg, über die Manipulation
staatlicher Fördergelder, über die
Schwierigkeiten, ein Haus zu vermieten,
über den ganz normalen Wahnsinn des
Lebens. Sie fantasieren über die wüsten
Zustände in Großbritannien und den Traum,
in unserer hochtechnisierten Welt einen
Freund zu finden. Und sie kommen
zu dem Schluss: Jeder sollte einen
Freund aus einem fremden Land
haben. Dann ginge es der Welt
und den Menschen besser.

CALLAS. EIN SPIEL
Was ist Egoismus? Und was ist
Größe? Was ist Unterwürfigkeit?
Was Aufopferung und was
Gerechtigkeit? Adelhard Winzer
versucht in diesem Stück eine Antwort
zu finden auf die ungelösten Fragen
des Lebens. In der Scheinwelt
genauso wie in der Realität und
der Kunst in unserer Zeit.